Das Kriegskochbuch

Das Kriegskochbuch

ISBN/EAN: 9783944350172

Auflage: 1

Erscheinungsjahr: 2013

Erscheinungsort: Bremen, Deutschland

Kriegskochbuch

Anweisungen zur einfachen
und billigen Ernährung.

5. Auflage.
(211.–260. Tausend.)

Hamburg 1915.
Druck und Verlag von Gebrüder Hoesch, Hamburg 1

Inhaltsverzeichnis

4

Vorwort.

In der gegenwärtigen Kriegszeit stehen vielen Familien geringere Mittel für die Lebenshaltung zur Verfügung, als in Friedenszeiten. Das gilt nicht nur für die Familien der Kriegsteilnehmer, sondern auch für viele andere, deren Einkommen durch den Krieg mehr oder weniger vermindert ist. Mit Rücksicht darauf, daß ein sehr großer Teil des Einkommens für die Ernährung verwendet werden muß, für die nun also auch geringere Mittel zur Verfügung stehen, entsteht die Frage, ob wir nicht in Deutschland, in den letzten Jahrzehnten des Wohllebens, in unseren Ansprüchen an die tägliche Ernährung über das Maß dessen hinausgegangen sind, was für die Erhaltung der Körperkraft und unser Wohlbefinden erforderlich ist.

Bei der Prüfung dieser Frage ist zunächst zu berücksichtigen, daß nach Ewald der Fleischverbrauch in Deutschland im letzten Jahrhundert sich nahezu vervierfacht hat. Er betrug im Jahre 1816: 13,6 kg, im Jahre 1861: 23,2 kg, im Jahre 1892: 32,5 kg und beträgt heute 52,3 kg im Jahre auf den Kopf der Bevölkerung. Noch viel höhere Durchschnittszahlen zeigt der Verbrauch in den deutschen Städten, der z. B. in Berlin 70,9 kg im Jahre für den Kopf der Bevölkerung ausmacht. Auf dem Lande stellt sich in Deutschland der Verbrauch sehr viel geringer; er beträgt im Durchschnitt nur 31,6 kg.

Mit der Durchschnittszahl von 52,3 kg steht Deutschland an der Spitze aller europäischen Länder und übertrifft nach König sogar England mit 47,6 kg, ferner Frankreich mit 33,6 kg, Österreich-Ungarn mit 29,6 kg und Rußland mit 21,8 kg. In Italien beträgt der Fleischverbrauch nur den fünften Teil des deutschen, nämlich 10,4 kg.

Sicherlich ist unsere Landbevölkerung der städtischen an körperlicher Kraftleistung nicht unterlegen, und damit ist der Beweis erbracht, daß auch für unser Klima und für unsere Lebensverhältnisse die übermäßige Bevorzugung des Fleisches in der täglichen Ernährung durchaus nicht erforderlich ist. Auch kann man nicht sagen, daß die körperliche Leistungsfähigkeit des deutschen Volkes vor 100 Jahren, zur Zeit der Befreiungskriege, bei einem Fleischverbrauch von nur 13,6 kg, eine geringere gewesen ist als heute.

Unsere Ernährungsphysiologen stehen auf dem Standpunkt, daß wir bequem mit der Hälfte des in den letzten Jahren von uns verbrauchten Fleisches auskommen können; ja, sie sagen, daß der übermäßige Fleischgenuß, wie er in den letzten Jahren, namentlich in den deutschen Städten, allgemein geworden ist, dem Körper nicht nützlich, sondern eher schädlich ist. Es kommt hinzu, daß die Nährstoffe im Fleisch etwa drei- bis fünfmal so teuer bezahlt werden als in den pflanzlichen Nahrungsmitteln; unter diesen Umständen ist es in der gegenwärtigen Kriegszeit geradezu unsere Pflicht, dafür zu sorgen, daß der Fleischverbrauch eingedämmt und an Stelle des Fleisches mehr pflanzliche Nahrungsmittel genossen werden.

Ganz kann man die tierischen Nahrungsmittel nicht entbehren, mit Rücksicht darauf, daß sie dem Körper die

unentbehrlichen Eiweißstoffe in leicht löslicher Form zu-
führen. Man nehme aber zu jeder Mahlzeit nur die
Hälfte der Menge, die man bisher zu nehmen gewohnt
war und ersetze das fehlende durch pflanzliche Nahrungsmittel. Verwendet man Fleisch, so ist es richtig, die
fetten Stücke zu bevorzugen, weil sie einerseits billiger
als die mageren, andererseits, des geringeren Wassergehalts
wegen, vorteilhafter sind. An Stelle des Warmblüter-
fleisches verwende man aber möglichst viel Fische, namentlich
auch Süßwasserfische, die in Deutschland während des
Krieges in ungefähr gleichen Mengen gewonnen werden
können wie zu Friedenszeiten. An vielen Stellen werden
auch frische Seefische während des Krieges zu haben sein,
die bekanntlich ein besonders vorteilhaftes und preiswertes
Nahrungsmittel bilden. Wo frische See- und Süßwasserfische nicht zu haben sind, verwende man die ebenfalls sehr
vorteilhaften und preiswerten Salzheringe, Stock- und
Klippfische; letztere sind die an tierischem Eiweiß reichsten
Nahrungsmittel, die wir haben.

Tierisches Eiweiß ist auch in der Milch und den
Milchprodukten, namentlich im Käse, verhältnismäßig
billig zu haben. Man verwende deswegen, wo es angeht,
viel Milch und Käse.

Von den pflanzlichen Nahrungsmitteln stehen zur
Zeit Roggenmehl und Kartoffeln bezüglich der Preis-
würdigkeit an erster Stelle.

Die vorstehenden Ratschläge sollen durch das vor-
liegende „Kriegskochbuch" in die Praxis umgesetzt werden.
Das Büchlein enthält zahlreiche Anweisungen für eine
billige und zweckmäßige Ernährung. Der Fleischverbrauch
ist in den Anweisungen nach Möglichkeit beschränkt. Alle

Gerichte sind für 4 Personen berechnet. An pflanzlichen Nahrungsmitteln sind diejenigen berücksichtigt, die aller Voraussicht nach für die Dauer des Krieges in ausreichenden Mengen im Lande vorhanden sind. Zu diesen gehören die Hülsenfrüchte nicht, da sie innerhalb unserer Grenzen nur in geringen Mengen erzeugt werden. Sie sind deswegen in den nachstehenden Anweisungen durch andere pflanzliche Nahrungsmittel ersetzt worden.

Möchten die deutschen Hausfrauen, namentlich die Bewohnerinnen der Städte, die in diesem Büchlein zusammengestellten Ratschläge befolgen. Sie würden dadurch auch ihrerseits, wie während dieses Krieges schon auf anderen Gebieten, so jetzt auch auf dem der Ernährung des deutschen Volkes dem Vaterlande einen großen Dienst erweisen, auf der einen Seite durch Verringerung der für die Ernährung ihrer Familie aufzuwendenden Geldmittel, auf der andern dadurch, daß durch diese ihre Sparsamkeit der im Lande vorhandene Lebensmittelvorrat sehr viel länger ausreichen wird, als bei der bisher üblichen Form der Ernährung.

Fürwahr eine große und der weiblichen Arbeit vorzugsweise vorbehaltene Kriegshilfe!

Berlin, im Dezember 1914.

Herstellung
und Anwendung der Kochkiste.

Alle Speisen, die längere Zeit kochen müssen, lassen sich vorzüglich in der Kochkiste garmachen. Man spart durch Anwendung der Kochkiste nicht nur Feuerungsmaterial, sondern auch Zeit, da bei den in der Kochkiste gargemachten Speisen ein Anbrennen oder Überkochen vollständig ausgeschlossen ist, somit die persönliche Wartung fortfällt. Will man sich eine Kochkiste anfertigen, so nehme man eine Holzkiste mit gut schließendem Deckel, lege auf den Boden der Kiste eine dicke Schicht recht fest gestampfter Holzwolle oder Heu oder auch Zeitungspapierschnitzel; auf diese Schicht stellt man zwei möglichst gradwandige Kochtöpfe und stopft um diese herum, alle Zwischenräume, auch die Ecken der Kiste, recht fest mit dem gleichen Material aus. Das Kissen zum Zubecken der Töpfe muß auch ziemlich fest gestopft sein und gut passen. Ist die Kochkiste soweit fertiggestellt, so werden die Kochtöpfe herausgenommen und das Innere der Kiste und die Holzwolle mit Stoff überzogen.

Alle Speisen, die man in der Kochkiste garmachen will, müssen auf dem Herd angekocht werden. Man rechne zum Ankochen ein Viertel der ganzen Kochzeit. Der Deckel darf in den letzten drei Minuten nicht vom Topf genommen werden. Das Gericht muß stark kochen, wenn es in die Kochkiste gestellt wird und der Deckel sofort geschlossen werden. Längeres Stehen in der Kiste schadet dem Geschmack der Gerichte nicht.

Anweisung
zum Wässern von Klippfisch und Stockfisch.

Klippfische und Stockfische sind Dauerwaren, die aus frischem Kabeljau durch Trocknung — beim Klippfisch auch durch Salzung — hergestellt werden. Es sind diejenigen tierischen Nahrungsmittel, die von allen uns zur Verfügung stehenden den größten Eiweißgehalt haben. Ihre häufige Verwendung in der Küche empfiehlt sich überall, zumal sie zu sehr wohlschmeckenden Gerichten verarbeitet werden können. Vor ihrer Verwendung in der Küche müssen Klippfische und Stockfische gewässert werden. Das geschieht am besten in der folgenden Weise:

1. Stockfische:

Den Stockfisch legt man 30 bis 36 Stunden in einen Topf mit kaltem Wasser, auf dessen Boden man ein Sieb oder einen Teller gelegt hat. Der Fisch muß reichlich mit Wasser bedeckt sein. In dieser Zeit muß das Wasser 3 bis 4 mal erneuert werden. Vor dem ersten und nach dem zweiten Wässern ist der Stockfisch mit einem Stück Holz stark zu klopfen.

2. Klippfische

Der Fisch wird der Länge nach in zwei Teile zerlegt und dann in zwei- bis dreifingerbreite Stücke zerschnitten. Das dem Klippfisch anhaftende Salz muß abgewaschen werden. Dann legt man die Stücke in einen Topf mit kaltem Wasser, auf dessen Boden man ein Sieb oder einen Teller gelegt hat. Man läßt den Klippfisch mindestens 36, besser 48 Stunden wässern. Während dieser Zeit muß das Wasser 4 bis 5 mal erneuert werden.

Bei größeren Mengen, wie sie bei Massenverpflegungen in Betracht kommen, muß der Klippfisch 48 Stunden gewässert werden und man muß ein 5—6 cm hohes Sieb als Unterlage geben, damit die unteren Fische nicht in dem durch die Entwässerung entstehenden Salzwasser liegen. Es empfiehlt sich, den Klippfisch bis dicht vors Kochen zu bringen und das Wasser dann zu erneuern.

———

A. Suppen.
(Für 4 Personen berechnet.)

1. Kohlsuppe.

Ein kleiner Kopf Wirsing oder Weißkohl
2 Eßlöffel Fett
4 Eßlöffel Mehl
1¹/₂ Ltr. Wasser
Messerspitze Pfeffer, Salz.

Der Kohl wird geputzt, in Streifen geschnitten und gewaschen, das Fett flüssig gemacht, der Kohl hineingeschüttet und darin gedünstet, das Mehl darüber gestreut und gut durchgerührt, mit dem Wasser aufgefüllt und 1¹/₂ bis 2 Stunden langsam gekocht, abgeschmeckt.   (A. Lange.)

2. Gurkensuppe.

1 kleine oder eine halbe große Salzgurke
2 Eßlöffel Fett
4 Eßlöffel Mehl
1¹/₂ Ltr. Wasser
1—2 Eßlöffel Essig, Salz

Fett und Mehl werden geschwitzt, und das Wasser langsam dazugegossen. Wenn die Suppe gekocht hat, wird die in kleine Würfel geschnittene Gurke hineingetan, Salz und Essig an die Suppe gegeben und abgeschmeckt.

(A. Lange.)

3. Sauerkrautsuppe.

Wie oben, statt der Gurken Sauerkraut nehmen

4. Mohrrübensuppe.

3 große Mohrrüben
1 kleine Zwiebel
2 Eßlöffel Fett
4 Eßlöffel Mehl
1½ Ltr. Wasser
1 Teelöffel Petersilie
1 Teelöffel Zucker, Salz.

Die Mohrrüben werden geschabt, klein geschnitten und in dem Wasser gargekocht, dann durchgestrichen. Fett, Zwiebeln und Mehl werden geröstet und mit dem Mohrrübenwasser aufgegossen. Nachdem die Suppe gut gekocht hat, wird sie mit Salz, Petersilie und Zucker abgeschmeckt.

Man kann auch die Hälfte Mohrrüben streichen und dafür Kartoffeln nehmen; man verwendet dann aber einen Eßlöffel Mehl weniger.

(A. Lange.)

5. Rotebeetsuppe.

½ Pfund Rindfleisch
2 große rote Rüben
Suppengemüse
3 Ltr. Wasser
¼ Ltr. saure Milch
3 gehäufte Eßlöffel Mehl
Salz, Pfeffer

Die roten Rüben werden geschält, in Streifen geschnitten, das Suppengemüse ebenfalls und mit dem Fleisch in das kochende Wasser gegeben, Salz hinzugefügt und das Ganze 1½ Stb. gekocht, dann wird saure Milch und Mehl ausgequirlt und zu der Suppe gegeben. Sehr gut schmeckt es, wenn ein Kopf Weißkohl in Streifen geschnitten in die Suppe gegeben wird. (A. Lange.)

6. Gemüse-Graupensuppe.

3 Ltr. Wasser
180 Gramm Graupen
2½ Pfd. Kartoffeln, Salz
für 20 Pfg. Suppengemüse oder 20 Gramm getrocknetes Gemüse (Julienne)
125 Gramm mageren Speck.

Die Graupen werden mit kaltem Wasser aufgesetzt; wenn sie kochen, die kleingeschnittenen Wurzeln dazugegeben, Salz hinzugefügt und die Suppe 2½ bis 3 Stunden gekocht. Der Speck kann mit dem Gemüse in die Suppe gelegt werden zum Garkochen; man kann ihn auch in Würfel schneiden, etwas andünsten, nicht braun, und dann in die Suppe schütten. Zuletzt kommt das gehackte Kraut daran. Die Kartoffeln werden in kleine Stücke geschnitten, in Salzwasser gargekocht, abgegossen und zu der Suppe geschüttet. (A. Lange.)

7. Roggenmehlsuppe.

1 Ltr. Magermilch
½ Ltr. Wasser
90 Gramm Roggenmehl
Salz, Zucker.

Die Milch wird auf den Herd gestellt, das mit etwas Wasser angerührte Roggenmehl dazugegossen und ½ Stb. gekocht, dann mit Salz und Zucker abgeschmeckt. (A. Lange.)

8. Hafergrützsuppe mit Kartoffeln.

3 Ltr. Wasser
200 Gramm Hafergrütze
für 20 Pf. Suppengemüse oder 20 Gramm Dörrgemüse
2½ Pfd. Kartoffeln, Salz.

Die Hafergrütze wird gewaschen und eingeweicht, am folgenden Tage mit dem Einweichwasser aufgesetzt und zum Kochen gebracht, das klein geschnittene Gemüse hineingeschüttet und 2½ bis 3 Stunden gekocht. Die in kleine Stücke geschnittenen Kartoffeln werden in Salzwasser gargekocht, abgegossen und dazugeschüttet.

(A. Lange.)

9. Hafermehlsuppe.

90 Gramm Hafermehl
20 Gramm Fett
Suppengemüse
Salz
1½ Ltr. Wasser.

Das Gemüse wird in dem Wasser ausgekocht, dann wird die Flüssigkeit durch ein Sieb gegossen und das in etwas kaltem Wasser angerührte Hafermehl unter Rühren dazugeben. Die Suppe muß ½ Stunde kochen.

10. Hafergrütze.

200 Gramm Hafergrütze
1 Ltr. Magermilch
1 Ltr. Wasser
Salz
20 Gramm Fett
zum Bestreuen Zucker und Zimt.

Man setzt die Grütze mit kaltem Wasser und Salz aufs Feuer, läßt sie langsam 2 Stunden kochen und gießt nach und nach die Milch dazu. Mit Milch essen.

11. Brotsuppe.

5 Pf. altes Brot
1 Eßlöffel fein geschnittenes Suppengrün
2 „ Fett
1/2 Zwiebel
1 1/2 Ltr. Wasser
Salz

Das Brot wird geschnitten. Das Suppengrün und die Zwiebeln werden fein geschnitten, im Fett gedünstet, dann das Brot geröstet, und lauwarm aufgegossen, gesalzen, zugedeckt gekocht. Die Suppe wird durchgestrichen und kann noch mit Ei abgerührt werden. Zubereitungszeit 1—1 1/4 Stunden.

(Bayrischer Verein für wirtschaftliche Frauenschulen auf dem Lande.)

12. Käsesuppe.

2 Eßlöffel Fett
4 „ Mehl
1 1/2 Ltr. Wasser
Salz
50 Gramm geriebener Käse

Eine helle Grundsuppe wird 1/4 Stunde gekocht, kurz vor dem Anrichten wird geriebener Käse untergemischt.

(Bayrischer Verein für wirtschaftliche Frauenschulen auf dem Lande.)

B. Fleisch-, Fisch- und Gemüsegerichte.
(Für 4 Personen berechnet.)

---

13. Steckrüben mit Kartoffeln und Schweinebauch.

1 kleine Steckrübe oder 60 Gramm getrockn. Steckrüben
3 Pfd. Kartoffeln
1/2 Pfd. Schweinebauch, Salz, Pfeffer

Die Steckrübe wird geschält, in Streifen oder Würfel geschnitten, gewaschen, in kochendes Salzwasser geschüttet, mit dem Fleisch, Gewürz und Kartoffeln langsam gargekocht.

(A. Lange.)

14. Getrocknete Mohrrüben mit Hammel- oder Rindfleisch.

1/8 Pfd. getrocknete Mohrrüben
1/2 Pfd. Fleisch
3 Pfd. Kartoffeln
Salz, Petersilie

Die Mohrrüben werden gewaschen, in kaltem Wasser eingeweicht, am folgenden Tage mit dem Einweichwasser und Salz aufgesetzt, das Fleisch dazugegeben und das Gericht sehr langsam gargekocht. Nach 3/4 Stunden Kochzeit werden die in Stücke geschnittenen Kartoffeln zu den Mohrrüben geschüttet. Wenn alles gar ist, wird die Petersilie hinzugefügt.

(A. Lange.)

15. Getrocknete grüne Bohnen mit Hammelfleisch und Kartoffeln.

Mengen und Zubereitung wie vorher.   (A. Lange.)

16. Reisfleisch.

¹/₂ Pfd. gemischtes Fleisch
1 Pfd. Reis
2 Eßlöffel Fett
Wasser oder Fleischbrühe
Salz. Pfeffer
1 Zwiebel, Suppengrün, gewiegt
etwas Speck.

Das Fleisch wird in Würfel geschnitten, dann läßt man es im Fett mit Zwiebel und Grünzeug andünsten, schmort das Fleisch wie bei Gulasch ¹/₄ Stunde. Reis wird gebrüht dazugegeben und soviel Flüssigkeit übergefüllt, daß der Reis gut bedeckt ist. Das Gericht wird 5—10 Minuten angekocht und 2—6 Stunden in der Kiste zum Garkochen gelassen. In 2 Stunden ist die Speise gar; 6 und mehr Stunden kann sie bleiben, ohne zu verderben.

(Bayrischer Verein für wirtschaftliche
Frauenschulen auf dem Lande.)

17. Fleischpfannkuchen.

Pfannkuchenteig von ¹/₂ Pfd. Mehl
¹/₂ Pfd. Fleischreste oder Schinkenreste
Schnittlauch
1 kleine Zwiebel
1 Eßlöffel Fett
Salz und Pfeffer
8—10 Eßlöffel Fett zum Backen

Man rührt einen glatten Pfannkuchenteig. Dann werden Fleisch- und Schinkenreste fein gewiegt, mit Zwiebel und Fett gedünstet, unter den Teig gegeben. Man backt davon dünne Pfannkuchen aus, die man zu Salat gibt. Auch kann man Pfannkuchen in eine gebutterte Auflaufform legen, dickes Haschee aufstreichen, dann den nächsten Pfannkuchen usw. Die Speise wird mit Fleischsuppe begossen und gebacken.

(Bayrischer Verein für wirtschaftliche
Frauenschulen auf dem Lande.)

18. Schweinefleisch mit Sauerkraut.

$^1/_2$ Pfd. Schweinefleisch
1 kleine Zwiebel
Pfeffer und Salz
1 Prise Kümmel
$^1/_4$ Ltr. Wasser
1 kleiner Kopf Weißkohl oder $^1/_2$ mittlerer Größe
$2^1/_2$ Pfd. Kartoffeln, Essig.

Das gewaschene Fleisch wird in Stücke geschnitten, der Weißkohl in Streifen gehobelt, die geschälten Kartoffeln in Scheiben geschnitten, alles schichtweise in einen Topf gelegt, $^1/_4$ Ltr. Wasser beigegeben und offen $^1/_2$ Stunde angekocht. Dann entweder in die Kochkiste gestellt oder auf dem Herd fertig gedämpft.

(Bayrischer Verein für wirtschaftliche
Frauenschulen auf dem Lande.)

19. Eingeschnittener Schweinskopf in Gurkensoße.

$^1/_2$ Schweinskopf
5 Pf. Suppengemüse
60 Gramm Mehl
40   „   Fett,
Salz
1 kleine Salzgurke
Pfeffer.

Der Schweinskopf wird mit viel Wasser und Suppengemüse gargekocht, das sich bildende Fett sorgfältig abgeschöpft; es kann gut als Bratfett oder als Brotbelag verwertet werden. Fett und Mehl werden hell oder dunkel geröstet, mit $^3/_4$ Ltr. Schweinskopfbrühe aufgegossen, in Würfel geschnittene Salzgurke, Pfeffer und Salz darangegeben, die Soße gut durchgekocht und abgeschmeckt. Die Hälfte Fleisch wird in die Soße gelegt. Die zweite Hälfte zu einer Sülze nach nebenstehendem Rezept verarbeitet.

(Maria Newman.)

20. Sülze von Schweinskopf.

Schweinskopfreste
übriggelassene Brühe
1 geschnittene Zwiebel
Lorbeerblatt
Pfefferkörner, einige Eßlöffel Essig.

Das Schweinefleisch wird in Würfel geschnitten und mit den geschnittenen Zwiebeln, Gewürzen und Essig in die Brühe gegeben. Die Sülze schmeckt sehr gut mit Bratkartoffeln.

(Maria Newman.)

21. Milchkartoffeln mit Schinken.

3 Pfd. Kartoffeln
Wasser und Salz zum Kochen
3 Eßlöffel Fett
2 Eßlöffel Mehl
80 Gramm Schinkenwürfel oder Speck
1 kleine Zwiebel
³/₄ Ltr. Milch
¹/₄ „ Fleischsuppe, Salz.

Die gewaschenen Kartoffeln werden in der Schale gekocht, geschält, in Scheiben geschnitten. Man läßt im Fett die Schinkenwürfel glasig werden, dünstet dann die Zwiebel und dann das Mehl bis es hellgelb ist. Die Einbrenne wird aufgefüllt, die Soße gesalzen (Vorsicht, weil Speck auch gesalzen ist) und dann eine halbe Stunde eingekocht. Sie wird geseiht und mit den Kartoffelscheiben gemischt. Man kann das Gemüse in einer Form überbacken, dann läßt man die Speckstückchen drinnen, bestreut das eingefüllte Gemüse mit Semmelbröseln und pflückt kleine Butterstückchen auf, Backzeit ¹/₂ Stunde.

(Bayrischer Verein für wirtschaftliche Frauenschulen auf dem Lande.)

22. Labskaus von Fisch oder Fleisch.

3 Pfd. Kartoffeln
1/4 Ltr. Brühe oder Wasser
70 Gramm Fett
1 Lorbeerblatt
1 Zwiebel
Salz, Pfeffer
Reste von übriggebliebenem Fisch, auch Klipp- oder
    Stockfisch
oder Fleisch, auch Pökelfleisch.

Das Fleisch wird in kleine Würfel geschnitten, ebenso die Zwiebeln. Die gargekochten Kartoffeln werden gestampft. Das Fett wird in einen Kochtopf getan, und die Zwiebel und Lorbeerblatt darin geröstet, dann werden die Kartoffeln, Fleisch und Gewürze dazugegeben. Das Gericht wird auf dem Herd noch einmal ordentlich heiß gemacht. Schmeckt sehr gut mit Salzgurken.

(Fischdampferrheberei Ocean.)

23. Schwarzwurzeln mit Fleischklößen und Kartoffeln.

1 Pfd. Schwarzwurzeln
40 Gramm Fett
60   „   Mehl
1/4 Pfd. gehacktes Fleisch
3 alte Semmel
Salz, Pfeffer, Zwiebeln.

Die Wurzeln werden geschabt, in Stücke geschnitten und um das Schwarzwerden zu verhüten, gleich in Essigwasser gelegt. 1 Ltr. Wasser wird zum Kochen gebracht, die Wurzeln mit etwas Salz hineingetan und gargekocht (ca. 1 Std.). Inzwischen arbeitet man aus dem Fleisch, Salz, Gewürz und Semmel Fleischklöße, gibt diese zu dem Gemüse und läßt sie darin gar werden, dann nimmt man beides aus der Brühe. Mehl und Fett werden geschwitzt mit ³/₄ Ltr. der Brühe aufgegossen und gut durchgekocht. Nun legt man die Klöße und Wurzeln wieder in die Soße, läßt sie recht heiß darin werden und gibt sie mit Salzkartoffeln zu Tisch.

Statt Schwarzwurzeln kann man auch Steckrüben, Kohlrabi, Sellerie und Blumenkohl nehmen. (A. Lange.)

24. Pichelsteiner.

¹/₂ Pfd. Schweinefleisch oder Rindfleisch
2¹/₂ „ geschälte Kartoffeln
3 mittlere Mohrrüben
1 Stück Sellerie
1 mittelgroße Zwiebel.
etwas Petersiliengrün
5 Eßlöffel Fett oder 100 Gramm Mark
¹/₄ Ltr. Fleischbrühe oder Wasser
Salz, Pfeffer, Paprika.

Das Fleisch wird vorbereitet, in Würfel geschnitten, die Kartoffeln in Scheiben, das Suppengrün in feine Würfelchen oder ebenfalls in Scheiben. In einem gut verschließbaren Topf legt oder gießt man das Fett, gibt eine Lage Kartoffeln darauf, dann Fleisch und Suppengrün, Salz und Pfeffer. Man fährt mit dem Einschichten fort und legt als oberste Bedeckung Kartoffeln, gießt Fleischbrühe oder Wasser über und kocht das Pichelsteiner stark an, dann wird es bei mäßiger Hitze fertig gedampft. Öffnen des Tiegels ist zu vermeiden. Kochzeit 1¹/₂ bis 2 Stunden. Für Kochkiste ¹/₄ Stunde Ankochzeit, 2 bis 4 Stunden Garzeit.

(Bayrischer Verein für wirtschaftl. Frauenschulen auf dem Lande.)

25. Lungengericht.

1 Lunge mit Herz
20 Gramm Fett

10 Gramm Mehl
1 kleine Zwiebel
Pfeffer, Salz
1 bis 2 Eßlöffel Essig.

Die Lunge und das Herz werden aufgeschnitten, in 2 Ltr. Wasser mit einem gehäuften Eßlöffel Salz gargekocht, die Häute, Sehnen und Knorpel entfernt und grob gehackt. Die Zwiebel wird in kleine Würfel geschnitten und mit dem Fett durchgeschwitzt, die Lunge hineingeschüttet und das Mehl darüber gestäubt, alles gut verrührt, Essig und Brühe dazugetan und das Gericht noch 10 Minuten durchgeschmort. Einige gehackte Kräuter verbessern den Geschmack. Man gibt Bratkartoffeln dazu. (O. Oevl.)

26. Reisfrikandellen.

200 Gramm Reis, Salz
½ Ltr. Wasser
1 kleine Zwiebel
1 Stück Sellerie
1 Eßlöffel Fett
1 Ei
¼ Pfd. Rindfleischreste
¼ Pfd Schweinefleischreste
1 Zwiebel
Petersilie
Salz und Pfeffer
Fett zum Braten
1 Eßlöffel Mehl
saure Milch
Suppe.

Der Reis wird gebrüht, mit Fett und Zwiebel etwas angeröstet, dann aufgefüllt, gesalzen und weichgebünstet, dann kalt gestellt. Das Fleisch wird fein gewiegt, mit

Zwiebel, Petersilie, Salz, Pfeffer und Ei vermischt, dann an den Reis gegeben. Man formt Frikandellen, brät sie auf der Stielpfanne an beiden Seiten an und legt sie nebeneinander in eine Bratpfanne. Man gibt in das Fett, in welchem sie gebraten wurden, Mehl, Milch und Fleischbrühe oder Wasser und Zitronensaft, kocht es auf und gießt es über die Frikandellen. Dann dünstet man sie noch ¹/₂ Stunde im Rohr.

(Bayrischer Verein für wirtschaftl. Frauenschulen auf dem Lande.)

27. Apfelkartoffeln mit Speck und Knackwürsten.

1¹/₂ Pfd. Kochäpfel
3 Pfd. Kartoffeln
Salz
100 Gramm geräucherter Speck
Zucker, etwas Essig

Die Äpfel werden gewaschen, in Stücke geschnitten, mit ¹/₂ Ltr. Wasser gargekocht, durchgestrichen und mit Zucker abgeschmeckt; wenn die Salzkartoffeln gargekocht und abgegossen sind, wird das Apfelmus gut durchgemischt, wenn nötig, wird noch etwas Essig daran gegeben. Der Speck wird in Würfel geschnitten, ausgebraten, und das Gericht damit begossen. Dazu werden 2 Paar Knackwürste gegeben.
(A. Lange.)

28. Fischauflauf mit Blumenkohl. (Jede Fischart.)

1¹/₂ Pfd. Fisch
10 Gramm Parmesankäse
50 Gramm Fett
80 Gramm Mehl
1 Eigelb
Salz, ¹/₂ Zitrone (Saft)
1 Blumenkohl

24

Der vorbereitete Fisch wird in Salzwasser gargekocht, der Blumenkohl ebenfalls. Wenn der Fisch gar ist, wird er enthäutet und entgrätet, der Blumenkohl in Röschen gebrochen und mit dem Fisch in eine gut ausgestrichene Auflaufform geschichtet, die fertige Soße darüber gegeben, mit dem Parmesankäse und etwas geriebener Semmel bestreut und mit Butter beträufelt. Der Auflauf wird in 20 Minuten schön braun gebacken. (M. Alberti, A. Lange.)

29. Fisch mit Sauerkraut. (Jede Fischart.)

1½ Pfd Fisch
1½ Pfd. Sauerkraut
¼ Ltr. Milch
1 Ei
40 Gramm Mehl
Salz, 10 Gramm Fett

Fischreste und Sauerkraut werden in eine mit Fett ausgestrichene Auflaufform eingeschichtet, Milch, Mehl, Salz und Ei gut verrührt und darüber gegossen. Der Auflauf wird 20 Minuten im Bratofen gelb gebacken. (S. Günther.)

30. Fischauflauf von Schalkartoffeln. (Jede Fischart).
(Fischlabskaus siehe Nr. 20 auf Seite 20.)

1½ Pfd. Fisch
2 Pfd. Schalkartoffeln
20 Gramm Parmesankäse
½ Ltr. saure Sahne oder Milch
2 Eßlöffel Mehl 20 Gramm
20 Gramm Fett

Die Fischreste werden lagenweise mit in der Schale gekochten, in Scheiben geschnittenen Kartoffeln und Parmesankäse in eine gut ausgestrichene Auflaufform eingeschichtet, saure Milch oder Rahm, Salz, Mehl werden verquirlt und darüber gegossen. Oben darauf gibt man Butterstückchen, Parmesankäse und geriebene Semmel und backt den Auflauf eine ¹/₂ Stunde.　　　　(M. Alberti.)

31. Stock- oder Klippfisch mit Sauerkraut und Bratkartoffeln.

(Über das Wässern von Stock- und Klippfisch siehe Seite 10.)

¹/₂ Pfd. trockener Fisch
1 Pfd. Sauerkraut
60 Gramm Fett
2 Pfd. Kartoffeln
Salz

Das Sauerkraut wird mit 20 Gramm Fett und etwas Wasser gargeschmort (2 bis 3 Std.). Der Fisch wird gut bedeckt mit kaltem Wasser und — bei Stockfisch — mit etwas Salz auf den Herd gestellt und langsam ins Kochen gebracht. Er muß ¹/₂ Stunde ziehen, nicht kochen. Dann läßt man ihn gut ablaufen, entgrätet ihn und mischt ihn mit dem Sauerkraut durch. Dazu werden die Kartoffeln in der Schale weich gekocht, geschält, in Scheiben geschnitten und auf der Stielpfanne in 40 Gramm Fett gebraten.

32. Stock- oder Klippfisch mit ausgebratenem Speck oder Zwiebeln.

¹/₂ Pfd. trockenen Fisch
100 Gramm Speck
2 große Zwiebeln.

Der Fisch wird der Länge nach durchgeschnitten und in 2 bis 3 fingerbreite Stücke geschnitten, dann wie vorher bereitet. Man setzt den Fisch mit kaltem Wasser aufs Feuer, zieht ihn, sobald er anfängt zu kochen, zurück und läßt ihn dann noch 10 bis 15 Minuten je nach der

Größe der Stücke, ziehen. Zu diesen Fischstücken gibt man eine Soße von ausgebratenem Speck und Zwiebel- würfeln. Schmackhaft sind hierzu iu der Schale gekochte Kartoffeln. (3 Pfd.) (A. Hollmeyer.)

33. Stock= oder Klippfischfrikandellen.

¹/₂ Pfd. trockener Fisch
2 alte Semmel
Pfeffer
1 Ei
etwas Petersilie
1 Eßlöffel geriebenes Brot
60 Gramm Fett.
6 Eßlöffel Milch oder Wasser

Der Fisch wird 24 Stunden mit kaltem Wasser hingestellt, dann mit frischem kalten Wasser auf den Herb gesetzt und langsam gekocht bis er ganz weich ist, dann von Häuten und Gräten befreit und sehr fein gehackt. Das in Wasser aufgeweichte und sehr fest ausgedrückte Brot wird mit Ei, dem Gewürz und dem Fleisch recht gut durchgearbeitet, von der Masse Koteletten geformt, diese in geriebene Semmel gewendet und in dem heißen Fett gut braun gebraten. Man gibt Kartoffelsalat dazu.
(Maria Leont.)

34. Salzheringkoteletten.

1 Salzhering
125 Gramm gekochte Kartoffeln
60   „   Speck
1 Ei
1 Messerspitze gehackte Zwiebel.

Der 24 Stunden entwässerte, gehäutete, entgrätete Hering wird recht fein gehackt. Die gekochten Kartoffeln streicht man durch ein Sieb, gibt das ganze Ei, den sein gehackten Speck, die Zwiebel und zuletzt das Heringsfleisch dazu, vermischt es gut und formt Koteletten davon, welche man in geriebenem Brot wendet und in Fett hellbraun brät. Man reicht die Kotelettes zu Gemüsesalat oder grünen Bohnen. (E. Hannemann.)

35. Salzhering in weißer Soße mit Pellkartoffeln.

2—3 Heringe (24 Stunden gewässert)
¹/₈ Ltr. Essig
etwas Senf
1 große Zwiebel
Pfeffer
etwas Salz

Die Heringe werden gehäutet, gewaschen und in Stücke geschnitten. Die in Scheiben geschnittene Zwiebel wird mit dem Gewürz in dem Essig gargekocht und abgekühlt. Die Heringsmilch wird mit Senf und Gewürz fein verrührt, mit dem Essig gemischt und über die Heringsstücke gegossen. (E. Hannemann.)

36. Salzhering-Bratklops.

3 gewässerte Salzheringe
3 alte Semmel
30 Gramm Speck, gehackt
etwas Zwiebel
1 Ei
Pfeffer.

Die gut gewässerten Heringe werden gehäutet, entgrätet und sehr fein gehackt, mit den eingeweichten, wieder ausgedrückten Semmeln, den Gewürzen und dem Ei durchgearbeitet, Klops daraus geformt und in geriebener Semmel gewendet und in 60 Gramm Fett auf der Stielpfanne gebraten. Diese Klops schmecken sehr gut zu grünen Bohnen. (E. Hannemann.)

37. Heringskartoffeln.

3 Pfd. Pellkartoffeln
1/2 Ltr. Milch
3/8 „ Wasser
20 Gramm Mehl
etwas gehackte Zwiebel
Pfeffer
2 gewässerte Heringe.

Milch und Wasser werden ins Kochen gebracht, das mit etwas Wasser angerührte Mehl dazugegossen und aufgekocht, Pfeffer und Zwiebeln werden dazu getan. Der fein gehackte Hering und die in Scheiben geschnittenen Kartoffeln werden in die Soße geschüttet und das Gericht an eine warme Herdstelle zum Ziehen gestellt. Nach etwa 5 Minuten wird das Gericht abgeschmeckt, ob es genug Salz hat.

(A. Lange.)

38. Gebackene Klöße aus Kartoffel und Mohrrüben.

2 Pfd. Kartoffeln
2 Pfd. Mohrrüben
2 Eßlöffel Milch
Salz, Pfeffer
60 Gramm Fett
zur Soße 1 Eßlöffel Fett
2 Eßlöffel Mehl
3/8 Ltr. Mohrrübenwasser, Salz
1 Eßlöffel Petersilie, etwas Zucker

Die Kartoffeln werden gargekocht und durch ein Sieb gestrichen und mit den gargekochten und durchgestrichenen Mohrrüben mit Salz und Pfeffer gemischt, aus der Masse werden Klöße geformt, etwas platt gedrückt und in der Stielpfanne in dem Fett braun gebraten. Die Soße stellt man sich her, indem man Fett und Mehl gelb röstet, mit dem Mohrrübenwasser aufgießt, gut durchkocht, mit Salz, Zucker und Petersilie abschmeckt.

(Maria Newman.)

39. Pfannkuchen.

1 Ltr. Milch oder Wasser
2 Eier oder 1/2 Paket Backpulver
Salz
1/2 Pfd. Weizenmehl
1/2 Pfd. feines Roggenmehl
200 Gramm Backfett

Das Mehl wird in eine Schüffel getan, die mit den Eiern und mit Salz verrührte Milch wird langsam unter Rühren dazu gegoffen. Aus der Maffe werden 10—12 Pfannkuchen gebacken.

40. Kartoffelpfannkuchen.

3 Pfd. rohe Kartoffeln
3 Eßlöffel Kartoffelmehl
Salz, Fett zum Braten

Die Kartoffeln werden rasch in kaltes Waffer gerieben, auf ein Tuch geschüttet, ausgedrückt und mit Salz und Kartoffelmehl verrührt. In einer Stielpfanne gibt man Fett, wenn dieses heiß ist, einen Eßlöffel von der Kartoffelmaffe, streicht diese recht dünn aus und backt die Pfannkuchen auf beiden Seiten braun.

41. Großer Semmelkloß.

300 Gramm altes Brot,
125   „   Mehl
80   „   flüffiges Fett
3/4 Liter Milch
Salz
1/2 Packung Backpulver
1 Ei
etwas Zitronenschale.

Das alte Brot wird mit der kalten Milch aufgeweicht, das flüffige Fett, Salz und Gewürz daran gegeben, Mehl und Backpulver hinzugegeben und gut durchgearbeitet. Die Maffe wird in ein Tuch gegeben und 1 Stunde in schwach gesalzenem Wasser gekocht. Man gibt Backobst oder Fruchtsaftsoße dazu.

42. Kartoffelklöße.

1 1/2 Pfb. Kartoffeln
250 Gramm Weizenmehl
40 Gramm Fett
Salz.

Die geschälten Kartoffeln werden gargekocht und heiß durch ein Sieb gestrichen, vorgekühlt mit den angegebenen Zutaten vermischt, Klöße daraus geformt, in Mehl gewendet und in Salzwasser gargekocht, 10 Minuten.

43. Hefepudding.

500 Gramm Mehl
45 Gramm Hefe
1/2 Ltr. Milch
60 Gramm Fett
1 Ei
120 Gramm Zucker
etwas Salz
Schale einer Zitrone.

Die Milch wird warmgestellt, das Mehl durchgesiebt und ebenfalls warmgestellt. In das Mehl wird eine Vertiefung gemacht und die Hefe dahinein gebröckelt, die lauwarme Milch darübergegossen, die Hefe gut verrührt, etwas Mehl hineingearbeitet und der Teig zum Aufgehen an eine warme Herdstelle gestellt. Ist die Masse gut gegangen, so werden alle anderen Zutaten darunter gerührt. Der Teig wird in eine Puddingform getan und noch einmal zum Aufgehen hingestellt. Ist der Pudding noch 1/2 mal so hoch gegangen, wird er in einen Topf mit kochendem Wasser getan und 1 1/2 Stunden gekocht. Wird gereicht mit Saftsoße oder Backobst. (A. Lange.)

44. Kartoffelauflauf.

3 Pfund Salzkartoffeln (heiß durchgestrichen)
40 Gramm Fett
1 Teelöffel Salz
90 Gramm Käsereste
¹/₈ Ltr. saure Milch.

Die durchgestrichenen Kartoffeln werden mit Salz, dem flüssigen Fett, dem geriebenen Käse und der sauren Milch gut durchgearbeitet, in eine Auflaufform getan und 1 Stunde gebacken. Sehr gut zu Rollfleisch, Gulasch.

(A. Lange.)

45. Reisschnitten.

200 Gramm Reis, Salz
³/₄ Ltr. Magermilch
4 Eßlöffel Zucker
1 Stück Zitronenschale
2 Eier
1 Eßlöffel Mehl, Milch
12 Eßlöffel Fett
4 Eßlöffel Zucker
¹/₂ Teelöffel Zimmt
10 Eßlöffel Semmelbrösel

Der Reis wird gebrüht, dann langsam weichgekocht mit Zitronenschale und Zucker. Der Reis kocht ³/₄ Stunde, wird dann ¹/₄ cm hoch ausgestrichen auf eine Porzellanplatte und muß erkalten. Man schneidet 2 fingerbreite und fingerlange Stücke ab, paniert sie in Ei und Semmelbrösel und backt sie auf der Stielpfanne. Überzuckern. Zubereitungszeit 1¹/₂ Stunden. Kochkiste 1 Stunde Kochzeit, 5 Minuten Ankochen für Reis.

(Bayrischer Verein für wirtschaftliche Frauenschulen auf dem Lande.)

Zeitfracht Medien GmbH
Ferdinand-Jühlke-Straße 7
99095 Erfurt, Deutschland
produktsicherheit@kolibri360.de